NIVEAU

3

Le piège était presque parfait

Dominique Renaud

Édition : Rachel Barnes

Illustrations : Emmanuel Saint

Conception et mise en page : Christian Blangez

© 2007, CLE INTERNATIONAL
ISBN : 978-2-09-031-543-1

Deviner...

Le titre de cet ouvrage te fait-il penser à :
- une histoire policière ?
- une histoire d'amour ?
- une histoire d'espionnage ?
- une aventure ?

Sais-tu ?

Souligne les mots qui ont le même sens :

un vol – un rapt – une arrestation – un enlèvement – un kidnapping.

Définir...

Sais-tu quel genre littéraire désigne le mot « polar » ?

D'après toi...

Qui est l'auteur d'un enlèvement ?
- Un cambrioleur.
- Un ravisseur.
- Un pompier.
- Un policier.

Présentation

Enzo :
l'un des fils d'Alberti.
Il a quatorze ans.

Sabrina :
elle a
quatorze ans.

Magali :
c'est une amie d'école.

Alberti :
ancien militaire
à la retraite.

Bloch :
commissaire âgé d'une
quarantaine d'années.

Chapitre 1

Un inconnu dans le jardin

Son père ne l'a pas vu arriver. Il est six heures. Le soir commence à tomber. Enzo, lui, l'a aperçu depuis sa fenêtre passer le portail du jardin. L'homme doit avoir une quarantaine d'années. Il est de taille moyenne, athlétique et complètement chauve.

– M. Alberti ? demande l'homme au père d'Enzo qui est en train de travailler, et qui lui tourne le dos.

Alberti a un léger sursaut.

– Je vous ai fait peur, peut-être ?

Alberti le regarde, un peu surpris. Que vient donc faire cet homme en tenue de ville, et à cette heure, dans un jardin de campagne ?

un sursaut : mouvement brusque, provoqué par la surprise.
en tenue de ville : habillé pour sortir en ville.

Le père d'Enzo a cinquante ans. C'est sa première année de retraite. Il a deux grands enfants, nés d'un premier mariage, et un jeune fils de quatorze ans, Enzo. Ancien militaire, il a appartenu aux Forces spéciales d'intervention et voyagé dans plusieurs pays du monde avant de prendre sa retraite à la campagne. L'homme a encore du charme.

– Je m'appelle Bloch, dit l'inconnu. Je suis commissaire de police.

Il parle calmement, d'une voix grave.

– En quoi est-ce que je peux vous être utile ? demande Alberti.

– Vous avez lu le journal d'aujourd'hui ?

– Non.

– Tenez, lisez, dit Bloch tandis qu'il tire de sa poche intérieure le quotidien soigneusement plié.

Alberti lit l'article. À quelques mètres de là, derrière la fenêtre entrouverte de sa chambre, Enzo observe les deux hommes.

– En quoi cela me concerne-t-il ? demande Alberti.

– Proposez-moi un endroit où nous pourrons discuter tranquillement.

– Là, derrière ces arbres. Il y a un banc. Mon fils est à la maison. Il ne doit pas nous entendre.

---

la retraite : quand on a arrêté de travailler.
Forces spéciales d'intervention : unités spéciales de l'armée (commandos).
un quotidien : journal qui paraît chaque jour.
entrouvert(e) : légèrement ouvert(e).

Là, derrière ces arbres. Il y a un banc.

Les deux hommes prennent place sur un banc de bois, près d'un terrain de pétanque. Alberti y joue de temps en temps avec son fils.

– Hier, un homme a kidnappé une fille.

– Comment a-t-il fait ?

– On l'ignore. Mais on sait qu'après l'école, la fille avait un rendez-vous et qu'elle n'y est jamais allée.

– Quel âge a la fille ?

– Quatorze ans.

Comme Enzo, pense son père.

– A-t-il un complice ?

– Apparemment, non.

– Combien demande-t-il ?

– Un million d'euros.

– Les parents ont-ils de l'argent ?

– Non.

– Alors, pourquoi cette fille ?

– C'est là toute la question ! soupire Bloch.

Alberti sort un paquet de chewing-gums. Il ne fume plus depuis quinze ans.

– Vous en voulez un ? propose-t-il au commissaire.

– Pourquoi pas ? Ça fait toujours moins de mal qu'une cigarette !

la pétanque : jeu de boules en métal.

un(e) complice : personne qui participe au vol ou au crime d'un(e) autre.

Qu'attendez-vous de moi ?

— Qu'attendez-vous de moi ? demande Alberti, au bout d'un moment.

— Votre aide. Je sais qui vous êtes.

— Ah ?

— Un des meilleurs des Forces spéciales.

— Cela fait plusieurs années. À présent, je suis à la retraite, je ne veux plus me battre. Comment m'avez-vous trouvé ?

■ qu'attendez-vous de moi ? : que voulez-vous de moi ?

– Par cette fille.

– Je la connais ?

– Vous, non. Votre fils.

Un long silence suit cette déclaration. Puis :

– Il est au courant pour cette… fille ?

– Oui.

– Comment ?

– Il était chez elle lorsque les parents de la petite ont reçu l'appel du ravisseur.

Alberti ne peut s'empêcher de se prendre la tête entre ses mains. Il est inquiet.

– Continuez.

– Une dernière chose : c'est votre fils qui a parlé de vous à la police.

– Pourquoi, à votre avis ?

– Je suppose que cette petite compte beaucoup pour lui, et qu'il pense que vous êtes le seul à être capable de la sauver.

---

la petite : la fille (ici).
un ravisseur : homme qui enlève quelqu'un par la force.

1. Associe les personnages à leur description physique.

- est chauve

a. Alberti ●
- a environ quarante ans
- a du charme

b. Le commissaire Bloch ●
- est athlétique
- a cinquante ans

2. Choisis le titre qui peut remplacer celui du chapitre.

a. Au secours : enlèvement d'enfant

b. Vol à la campagne

c. Un commissaire à la retraite

3. Choisis les bonnes réponses et justifie-les à partir du texte.

a. Alberti travaille dans les Forces spéciales d'intervention.

b. Alberti ne travaille plus.

c. Alberti s'est remarié.

d. Alberti a quatre enfants.

e. Son enfant le plus âgé a quatorze ans.

f. Alberti est policier.

g. Le commissaire demande de l'aide à Alberti.

4. Cinq erreurs se sont glissées dans ce résumé. Retrouve-les et réécris le texte.

Enzo est dans le jardin ; il aperçoit un homme qui s'approche de son père, Alberti.

Cet homme est un militaire et s'appelle Bloch. Il apprend à Alberti qu'un inconnu a enlevé un enfant. Il réclame un million d'euros aux parents qui ont de l'argent.

Bloch demande l'aide d'Alberti parce qu'il est un ancien commissaire de police. C'est Enzo lui-même qui a donné le nom de son père à Bloch.

Alberti éteint la radio.

Chapitre 2

Père et fils

« Voici le communiqué donné à la presse en fin d'après-midi par le commissaire Bloch, chargé de l'affaire du kidnapping qui a eu lieu dans une école de l'Ardèche : " Après un premier contact avec le ravisseur, je suis en mesure de vous dire ceci : l'homme a demandé un million d'euros aux parents de la petite Sabrina. Il a donné à la police des indications qui nous permettent de penser qu'il détient la jeune fille. Sabrina a été enlevée après la sortie du collège, sur le chemin du retour. La maison de sa famille se trouve juste à la sortie du village et le collège à l'opposé. Il est aujourd'hui établi que le kidnapping s'est passé en plein centre. Question : comment le ravisseur a fait ? »

Alberti éteint la radio. La nuit est tombée doucement. Enzo est face à son père, mais il ne le regarde pas. Alberti le sent paralysé par la peur et l'inquiétude.

---

un communiqué : une annonce, diffusée par les médias.
la presse : l'ensemble des médias.
l'Ardèche : département de la région Rhône-Alpes, en France.
enlever (quelqu'un) : kidnapper.

— Tu ne manges pas ? demande Alberti à son fils.

— Je n'ai pas faim.

— C'est cet homme qui t'inquiète ? C'est lui que tu as vu ?

Le garçon hésite, lève les yeux, puis :

— Oui. Il m'a interrogé chez les parents de Sabrina.

— Sabrina. C'est son prénom ?

Enzo acquiesce d'un léger signe de tête.

— Pourquoi ne m'as-tu pas parlé toi-même de cette histoire ?

— J'avais peur de ta réaction. Parler de toi à la police, c'était plus facile pour moi.

— Pourquoi es-tu allé chez elle ?

— Nous avions rendez-vous près du village. J'ai attendu plus d'une heure. Sabrina n'est jamais en retard. Au bout d'un moment, j'ai décidé d'aller chez elle. Là, j'ai rencontré ses parents. Ils ne me connaissent pas très bien. Sabrina leur a parlé de moi, sans plus. Je leur ai simplement demandé si leur fille était à la maison.

— Et ils t'ont proposé de l'attendre dans le salon...

— Exactement. Ils sont sympas, tu sais. J'ai attendu devant la télévision. J'étais inquiet...

Enzo a du mal à terminer sa phrase. Il fait un effort pour se maîtriser et respire profondément.

■ **acquiescer de la tête** : faire un mouvement de la tête pour dire « oui ».

Et puis le téléphone a sonné.

— Et puis le téléphone a sonné. C'est sa mère qui a pris l'appareil. Au bout de quelques secondes, je l'ai vue devenir toute pâle. Son mari est arrivé. Il a saisi l'appareil.

— Allô ! Allô ! il a dit, presque crié.

— M. Todd ?

— Oui, c'est moi, il a répondu, puis il a regardé sa femme. « Qu'est-ce qu'il t'a dit ? » lui a-t-il chuchoté ; mais la mère de Sabrina était incapable de sortir une syllabe. En même temps, à l'autre bout du téléphone, la voix a dit :

— Vous m'entendez ?

■ **l'appareil** : le téléphone.

— Allô, oui, je vous entends. Que se passe-t-il ?

— J'ai votre fille, M. Todd.

— Ma fille ? Qu'est-ce que vous…

— Oui, votre fille. Sabrina. Elle est avec moi.

— Si c'est une plaisanterie, je la trouve de très mauvais …

— Je suis très sérieux. À présent, écoutez-moi : votre fille va bien. Pour la retrouver, vous devez payer un million d'euros.

— Quoi ? Mais vous savez bien que…

— Trouvez une solution. Je vous laisse trois jours pour réunir l'argent. Je vous rappelle pour vous donner mes instructions.

Puis il a raccroché. Todd s'est approché de sa femme. « Claire, ma chérie, il a murmuré, ne t'inquiète pas, tout va bien se passer. »

— Qu'a-t-il fait ensuite ?

— Il a appelé la police. Il est tombé sur le commissaire que tu as rencontré.

— Et le policier est passé chez eux. Tu y étais encore ?

— Oui. Il m'a interrogé. Je lui ai tout raconté.

— Et qu'a-t-il dit aux parents ?

— Il leur a demandé de rester calmes et de faire confiance à la police. Il leur a dit aussi de suivre les instructions du ravisseur et de ne pas avertir les médias.

– Les journaux sont au courant. J'ai lu l'article. À ton avis, qui a parlé ?

– Pas les parents, c'est sûr.

– Juste. Pas la police non plus. Il ne reste qu'une personne capable de transmettre l'information…

Alberti regarde son fils droit dans les yeux.

– Moi ?

– Mais non ! Le ravisseur lui-même !

Il m'a interrogé. Je lui ai tout raconté.

1. Une fausse manœuvre à la radio a mélangé les phrases du journaliste. Indique le bon ordre.

a. Il a donné à la police des indications suffisantes pour faire penser qu'il détient la jeune fille.

b. L'homme a demandé de l'argent aux parents de la petite Sabrina.

c. Sabrina a été kidnappée après les cours quand elle rentrait chez elle.

d. Une question reste sans réponse : comment le kidnappeur a fait ?

e. L'enlèvement a eu lieu dans le centre-ville.

2. Vrai ou faux ?

a. Enzo a préparé un repas chaud à son père.

b. Enzo et son père ont bien dîné.

c. Enzo avait rendez-vous chez Sabrina.

d. Sabrina a l'habitude d'arriver en retard.

e. Sabrina a été enlevée tandis qu'elle revenait de l'école.

f. La police n'a aucun indice.

g. Les parents de Sabrina sont riches.

3. Repère l'intrus qui s'est glissé dans les listes suivantes.

a. Qui a téléphoné aux parents de Sabrina ?

un ravisseur – un kidnappeur – un cambrioleur

b. Qu'est-il arrivé à Sabrina ?

elle a été enlevée – elle a été arrêtée – elle a été kidnappée

c. Que demande le ravisseur en échange de la libération de Sabrina ?

un million de dollars – une rançon d'un million d'euros – un million d'euros

Chapitre 3

Enquête

Enzo ne comprend plus rien. Alberti, lui, se pose quelques questions.

– Qu'est-ce que tu as dit au commissaire ?

– Rien d'autre que ce que je t'ai raconté.

– Bien. Vous êtes donc quatre à savoir ce qui s'est passé : les parents de Sabrina, Bloch et toi. Le ravisseur, lui, décide de contacter les médias. Il cherche à **ébruiter** l'affaire. Pourquoi ?

– Parce qu'il veut faire parler de lui.

– Possible. Ça s'est déjà vu, des gens qui commettent des **délits** pour voir leur tête dans les journaux. Mais un **rapt** d'enfant, ça coûte cher. À mon avis, il y a autre chose… Dis-moi, Enzo, est-ce que Sabrina peut suivre un inconnu ?

ébruiter : diffuser, rendre public.
un délit : une faute grave, une action illégale.
un rapt : enlèvement, kidnapping.

— Non ; même les copains, elle ne leur fait pas confiance quand ils lui proposent de sortir avec elle le soir.

— Si je comprends bien, Sabrina va avec les gens qu'elle connaît.

— Tout à fait. Mais je ne vois personne qui…

— Pas l'homme que tu as entendu au téléphone, mais un complice : un garçon du collège, par exemple.

— Pourquoi faire une chose pareille ?

— Je ne sais pas moi : pour se venger.

— Alors, comme ça, tu crois que…

— Je ne crois rien. Il y a des faits. J'essaie de les comprendre. Passe-moi le téléphone, veux-tu ?

— À cette heure ?

— Il n'y a pas d'heure pour la police.

Alberti compose le 17. C'est le numéro de la gendarmerie.

— Je veux parler au commissaire Bloch.

— Vous savez l'heure qu'il est ?

— Oui, je sais. Mon nom est Alberti. Je fais partie de la maison. Vous pouvez vérifier. Je veux le numéro de portable de Bloch. C'est extrêmement urgent.

— C'est bon. Le commissaire m'a parlé de vous. Je vous passe son numéro…

---

composer le 17 : c'est le numéro que l'on peut appeler en France pour contacter la police.

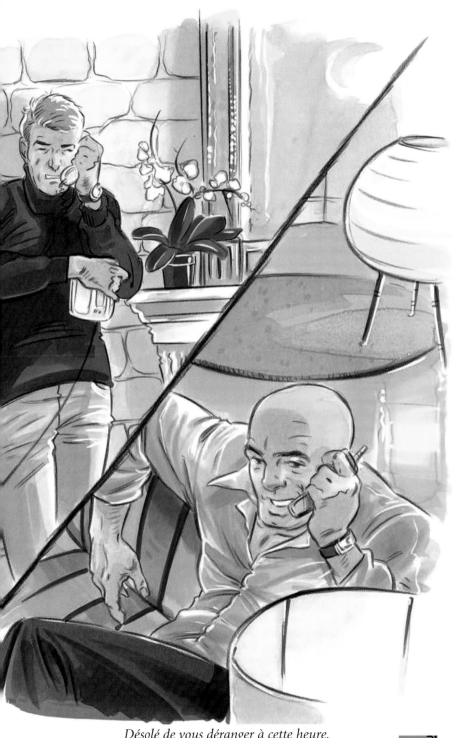

Désolé de vous déranger à cette heure.

Quelques instants plus tard :

— Allô, Bloch. Alberti au téléphone.

— Bonsoir.

— Désolé de vous déranger à cette heure. Dites-moi : vous avez contacté le directeur du journal qui a diffusé l'info sur cet enlèvement ?

— Oui.

— Savez-vous comment il a reçu l'information ?

— Par un appel anonyme.

— Le ravisseur ?

— Non : c'était une voix féminine.

— Ils ont enregistré l'appel ?

— Ils n'ont pas eu le temps.

Adossé au mur du salon, Alberti contemple la fenêtre, perplexe.

— Avez-vous parlé avec votre fils ? demande Bloch.

— Oui. Il est ici, près de moi. Il m'a tout raconté.

— Je vous ai fait une proposition tout à l'heure. Elle tient toujours. Y avez-vous réfléchi ?

— Oui. J'accepte. À une condition.

— Laquelle ?

— Vous me laissez **carte blanche**.

■ **carte blanche** : liberté totale.

Tu abandonnes ?

— Impossible. Vous connaissez la loi.

— Dans ce cas, je ne vous connais pas, vous ne me connaissez pas, on ne s'est jamais parlé. Bonsoir, M. Bloch.

Alberti a raccroché.

— Tu abandonnes ? murmure Enzo.

— Non, je fais le mort, répond son père avec un sourire.

— Explique-toi.

▍ **faire le mort** : faire semblant de n'être plus là.

– C'est simple : j'ai feint la colère. À présent, Bloch croit que je refuse de m'occuper de cette enquête. Il ne va pas chercher à me recontacter. Il sait qu'il ne peut rien exiger de moi ; et moi, je n'ai pas besoin de lui.

– Mais, papa, sans la police, tu n'as pas de renseignements !

– Bonne remarque, fils ; mais pour les renseignements, j'ai déjà ce qu'il me faut. Grâce à toi. À présent, nous savons une chose : Sabrina a suivi une personne qu'elle connaît. À nous de savoir qui.

▊ **feindre :** faire comme si.

1. Repère l'intrus qui s'est glissé dans les listes suivantes.

Voici ce que dit Enzo à son père au sujet de Sabrina :

a. Sabrina
   1. est prudente.
   2. est méfiante.
   3. est confiante.

b. Sabrina
   1. refuse de sortir le soir.
   2. refuse d'accompagner une personne qu'elle ne connaît pas.
   3. refuse d'aller en classe avec ses copains.

2. Associe les expressions équivalentes.

a. Alberti est au téléphone.
b. Un appel anonyme.
c. Alberti a raccroché.
d. Un portable.

1. Alberti a interrompu la conversation.
2. Un téléphone mobile.
3. Alberti est à l'appareil.
4. Un coup de fil anonyme.

3. Choisis les phrases qui te semblent le mieux correspondre au chapitre.

a. Alberti téléphone au commissaire Bloch. Il pense que le ravisseur veut devenir célèbre car il a informé le journal. Alberti propose d'aider le commissaire.

b. Alberti téléphone au commissaire Bloch et apprend qu'une complice du ravisseur a appelé le journal pour signaler le rapt. Alberti refuse de collaborer avec la police dans cette affaire.

c. Alberti veut savoir qui a informé le journal. Il téléphone alors au commissaire Bloch. Le commissaire lui dit qu'une jeune fille a appelé le journal. Alberti accepte d'aider la police.

Le lendemain matin, à l'école, tout le monde parle
de cet incroyable fait divers.

Chapitre 4

Fausse note

Le lendemain matin, à l'école, tout le monde parle de cet incroyable **fait divers**. Sabrina est prisonnière d'un inconnu ! Par chance, dans le journal, le nom d'Enzo n'apparaît pas. Le garçon suit les **consignes** de son père : surtout, ne rien dire, ne pas parler du rendez-vous, ni de sa présence dans la maison de Sabrina le jour de l'enlèvement.

Mais Enzo a une mission : observer tout ce qui se passe. Il doit surveiller les élèves, particulièrement ceux de la classe de Sabrina. Le plus petit détail peut se révéler très important.

Pendant ce temps, Alberti se rend au **siège** du journal. Muni d'une fausse carte d'inspecteur de police, il demande un **entretien** avec le directeur. Il a une idée en tête, et il a besoin d'une confirmation.

> **un fait divers :** information sans portée générale qui appartient à la vie quotidienne.
> **les consignes :** conseils, ordres, instructions.
> **le siège :** bureau central.
> **un entretien :** rencontre, ici conversation.

Le patron vient de raccrocher son téléphone. C'est un homme d'une cinquantaine d'années, assez fort ; il est vêtu d'un costume de marque. Il s'appelle Roland Meyer.

— Enchanté, inspecteur. Est-ce que je peux vous aider ?

— C'est à propos de cet enlèvement…

— Cette pauvre petite. Le commissaire Bloch m'a déjà interrogé à ce sujet.

— Je suis au courant. Vous avez reçu un appel anonyme qui annonçait l'enlèvement de cette jeune fille. De leur côté, les parents de Sabrina ont reçu un appel du ravisseur. C'était un homme. Pourtant, vous avez dit à Bloch avoir parlé avec une femme.

— Effectivement. Il n'y a aucun doute là-dessus.

— Bien. Pouvez-vous donner un âge à cette voix ?

— Difficile à dire ; plutôt une voix adolescente.

— Il me semble pourtant qu'il est facile, même au téléphone, de distinguer une voix jeune d'une voix d'adulte.

— C'est exact. Mais on peut changer une voix. Vous êtes de la police, vous savez de quoi je parle. Quand j'y repense, la voix m'a paru bizarre ; comme une personne qui **parle du nez**. La voix était anormalement grave.

Le téléphone sonne. Le directeur se retourne vers son bureau et saisit l'appareil. Sa secrétaire est au bout du fil. C'est un appel du commissaire Bloch.

— Dites-lui que je le rappelle dans un quart d'heure.

Meyer regarde Alberti, presque ironiquement.

— J'ai une très bonne mémoire, surtout des visages, monsieur Alberti. Je sais que vous n'êtes pas un

■ **parler du nez** : quand on a un rhume, on parle du nez.

Le patron vient de raccrocher son téléphone.

inspecteur, mais je me rappelle que votre photo est passée dans le journal il y a une dizaine d'années. Vous étiez alors dans les Forces spéciales. Vous aviez capturé un dangereux criminel. Et sans une goutte de sang.

Alberti se souvient bien de cette affaire. Un joli coup de chance, en vérité : une maison isolée ; à l'intérieur, un homme armé, dangereux : Grangier. Un jeune homme de vingt-trois ans. Alberti se rappelle une armoire. Il la voit devant lui. Grangier était dedans, caché, prêt à tuer. Il a ouvert brusquement la porte et a tiré. Mais le **coup** n'est pas parti. Deux secondes plus tard, Grangier était à terre, les mains solidement attachées par une paire de menottes.

■ **le coup :** ici, la balle du revolver.

Alberti remercie Meyer et quitte son bureau immédiatement, car il a une idée en tête.

Une fois dehors, il regarde sa montre. Elle indique 16 h 20. Il n'y a pas une minute à perdre. Il prend la direction de l'école. Quand il arrive, son fils l'attend devant le portail.

— Du nouveau ? demande Enzo.

— Peut-être. C'est toi qui vas me le dire.

Enzo ne cherche pas à comprendre. Il met son casque, puis monte derrière son père.

Quelques minutes plus tard, Alberti s'arrête **en rase campagne**.

— Alors, fils, tu as trouvé quelque chose à l'école ?

— Je ne sais pas quoi te dire, c'est difficile. Tout le monde a parlé de cette histoire à la récré.

— Oui ?

— Je me souviens d'un **truc**. Il y a un copain qui a posé une question à une fille de la classe de Sabrina. Il lui a demandé où elle était après la sortie de l'école. La fille s'est mise à **rougir**… ! Je ne sais plus ce qu'elle a répondu, mais elle était en colère après le garçon. Nous, on a **rigolé** parce qu'on sait que le copain, il lui **court après** !

— Cette fille, elle s'appelle comment ?

— Magali. Tout le monde l'appelle Mag.

— Dis-moi, cette Mag, elle n'est pas un peu malade ?

en rase campagne : dans la campagne déserte, sans habitation.

un truc (fam.) : quelque chose.

rougir : devenir rouge.

rigoler (fam.) : rire.

courir après quelqu'un : ici, être amoureux.

Alberti se souvient bien de cette affaire.

Enrhumée, par exemple.

— Tiens, c'est vrai. Elle parle du nez. Mais comment tu le sais ?

— Je t'expliquerai plus tard. Sais-tu où habite cette Magali ?

— À une dizaine de kilomètres d'ici. Elle rentre en car.

Alberti consulte sa montre.

— Avec un peu de chance, on va l'intercepter. Monte derrière moi, Enzo ; je crois que cette fois-ci, on a une piste.

---

enrhumé(e) : qui a un rhume (la gorge et le nez irrités) à cause du froid.

intercepter : arrêter.

une piste : indice, la trace de quelque chose.

1. Choisis la bonne réponse.

a. Pourquoi Alberti rend visite au directeur du journal ?
1. Il veut savoir si le journal a enregistré la conversation téléphonique avec la complice du ravisseur.
2. Il veut savoir si la complice parle avec une voix grave.
3. Il veut savoir si la complice du ravisseur est une jeune fille ou une jeune femme.

b. Pour quelle action Alberti a-t-il eu sa photo dans le journal ?
1. Alberti a tué un voleur célèbre.
2. Alberti a arrêté un criminel recherché par la police.
3. Alberti a sauvé la vie d'un jeune homme de vingt-trois ans.

c. Qui est-ce que Enzo soupçonne et pourquoi ?
1. Une amie de Sabrina qui a rougi et qui ne voulait pas répondre aux questions.
2. Une amie de Sabrina qui est timide et qui rougit toujours.
3. Une amie de Sabrina qui est triste pour sa camarade.

d. Quel est le détail qui va permettre à Alberti de découvrir la vérité ?
1. Magali parle avec un accent étranger.
2. Magali ne parle pas normalement car elle a un rhume.
3. Magali a mal à la gorge.

2. Vrai ou faux. Justifie ta réponse.

a. Alberti roule en voiture.

b. Alberti se déplace à moto.

c. Magali prend le car.

d. Magali va à l'école en scooter.

Chapitre 5

Prise au piège

Le car s'arrête à une intersection. Quelques personnes en descendent. Magali apparaît la dernière. Enzo l'attend. Elle ne pense pas le voir à cet endroit.

– Enzo, que fais-tu ici ? lui demande-t-elle tandis que le car redémarre.

– Je veux te voir, répond le garçon sans hésiter. Tiens, je te présente mon père.

La jeune fille regarde Alberti et son fils d'un air **résigné**, comme un voleur pris au piège.

Sans lui laisser le temps de réagir, Alberti descend de sa moto et s'approche d'elle.

– Que voulez-vous ? dit-elle.

– Vous parler.

– Je n'ai rien à vous dire.

– Tu préfères la police, peut-être ?

Elle baisse la tête. C'est plus fort qu'elle : elle sent les larmes lui monter aux yeux.

résigné : soumis, obéissant.

– Je vais être direct avec toi, petite. Enzo te l'a peut-être dit un jour : j'ai travaillé dans les Forces spéciales. C'est une police entraînée à rechercher les individus dangereux. Tu as sans doute entendu parler de ça, à la télévision ou à la radio. Bien. Tu sais que Sabrina a été enlevée. La police m'a chargé de l'enquête. Écoute-moi bien : tu as l'air d'être une gentille fille. Donc, je te propose de me dire la vérité tout de suite.

La jeune fille fait l'innocente, mais sans conviction.

– Je n'ai rien fait, monsieur, je vous le jure !

– Inutile de jouer à ce petit jeu avec moi, ça ne marche pas. Je sais que c'est toi qui **as attiré** Sabrina dans ce piège, que c'est toi encore qui as téléphoné au journal. Pour le moment, je ne veux savoir que trois choses : pourquoi tu as fait cela, qui t'a contactée, et à quel endroit Sabrina est actuellement prisonnière ?

La jeune fille se met à trembler. Alberti lui fait peur.

– J'ai rien fait, **gémit**-elle. C'est lui qui m'a obligée.

– Qui, lui ?

– Je ne sais pas moi, je ne le connais pas. Il m'a attrapée l'autre soir, à la descente du car. Comme vous. Il m'a **prise par le bras**, il m'a emmenée un peu plus loin. Il m'a dit : « T'inquiète pas, petite, je ne vais pas te faire de mal, tu vas faire exactement ce que je te dis, surtout n'en parle à personne, sinon tes parents vont avoir de graves ennuis. »

attirer : ici, entraîner quelqu'un dans un piège
gémir : émettre de faibles sons à cause de la douleur.
prendre par le bras : ici, saisir de force.

Je te propose de me dire la vérité tout de suite.

Magali **pleure** maintenant à chaudes larmes. Alberti fait un signe à son fils ; il lui demande de la consoler.

– Calme-toi, Magali, tu vas tout me raconter. Tu n'as rien à craindre, c'est fini maintenant.

Après quelques minutes, la jeune fille retrouve son calme. D'une voix fragile, elle dit :

– Le type m'a expliqué exactement ce que je devais faire : suivre Sabrina à la sortie de l'école, lui parler d'une surprise (son anniversaire était le lendemain) et l'amener dans une voiture. Là, je monte avec elle, je lui dis que le chauffeur est mon cousin. Il me laisse à cette intersection et continue sa route vers le lieu de rendez-vous où toutes les copines l'attendent.

– Et toi, que fais-tu pendant ce temps-là ?

– Je vais chercher mon scooter et je les retrouve.

– Sais-tu où ils sont allés ?

– Non. Je sais seulement qu'ils ont roulé tout droit.

– Et l'homme, comment était-il ?

Il y a un instant d'hésitation. La jeune fille réfléchit.

– Grand, brun, assez musclé. Il porte des lunettes noires et un blouson de cuir, comme le vôtre.

– Il est jeune ?

– Entre trente et trente-cinq ans.

■ **pleurer à chaudes larmes :** pleurer très fort.

Il est sûr qu'elle dit la vérité.

Alberti examine la jeune fille en silence. Il est sûr qu'elle dit la vérité. Cependant, une question le dérange. Il y a quelque chose d'anormal dans cette histoire. Mais il est encore trop tôt pour savoir quoi exactement. Il se tourne vers son fils.

– Un endroit tranquille, à l'abri des regards et de la circulation, avec l'électricité et l'eau courante. Tu connais un endroit comme ça par ici ?

▨ **à l'abri des regards :** que personne ne peut apercevoir.

– Je ne vois qu'une seule possibilité : l'entreprise Pernoud. Abandonnée depuis trois ans. C'est une usine de bois. Il ne reste presque plus rien, mais on peut squatter sans problème.

– Super, Enzo ! Tu vas m'accompagner. Toi, Magali, tu vas rentrer sagement chez toi. Tu ne dis rien à personne. Tu ne préviens ni tes parents, ni la police. C'est la vie de Sabrina qui est en jeu. Compris ?

Magali acquiesce d'un signe de tête. Alberti la regarde une dernière fois. Cette question qui le dérange lui revient à l'esprit : pourquoi le ravisseur a-t-il choisi Sabrina alors qu'il avait déjà mis la main sur Magali ? Quelle différence y avait-il à ses yeux entre les deux filles ? Un rapt est un rapt, on le fait pour de l'argent. Pourtant, les parents de Sabrina sont des gens modestes. Y a-t-il donc une autre raison qui a guidé le choix de cet homme ?

■ **squatter** : occuper un lieu vide, une habitation, sans autorisation.

1. Relie chaque attitude aux personnages et relève les passages qui justifient ta réponse.

a. Magali

b. Enzo

c. Alberti

1. menace
2. est craintif(ve)
3. console
4. réconforte
5. sanglote
6. est agressif(ve)

2. Magali est troublée. Remets dans l'ordre ses aveux.

a. Puis Magali a quitté Sabrina et le conducteur, qui ont continué leur route vers un lieu inconnu.

b. Elle a suivi Sabrina après la classe.

c. Un homme l'a forcée à piéger Sabrina. Ses parents étaient menacés.

d. Sabrina a accepté parce que des amis voulaient lui faire une surprise pour son anniversaire.

e. Elle lui a dit de monter avec elle dans une voiture conduite par son cousin.

3. Alberti pose trois questions à Magali. Souligne les bonnes réponses.

a. Pourquoi tu as fait cela ?
   1. Je n'aime pas Sabrina.
   2. On m'a obligée.
   3. Pour un cadeau d'anniversaire.

b. Qui t'a contactée ?
   1. Un homme de vingt-trois ans.
   2. Il est brun et porte des lunettes noires.
   3. Il est petit et porte un pantalon de cuir.

c. À quel endroit Sabrina est actuellement prisonnière ?
   1. Je ne sais pas.
   2. Dans une usine.
   3. Dans une ferme.

Enzo est resté en retrait, près de la moto, derrière un mur.

Chapitre 6

Face à face

Assis devant la fenêtre du premier étage, le ravisseur est en train de fumer sa septième cigarette quand la lumière d'une moto apparaît dans le virage.

– Ça y est, se dit-il. Le voilà.

La moto ralentit et s'arrête à une centaine de mètres de la **bâtisse**. L'inconnu sait de qui il s'agit. Il vérifie son arme, puis s'éloigne de la fenêtre.

Il attend ce moment depuis de longues années. Son plan est parfait.

Alberti fait un long **détour** pour arriver devant la porte principale. Pas de voiture en vue. La bâtisse est parfaitement silencieuse. Enzo **est resté en retrait**, près de la moto, derrière un mur. Son père ne veut pas prendre de risques pour son fils.

Alberti ouvre la porte avec précaution. Il aperçoit bientôt une vaste salle aux murs **délabrés**. Il n'y a rien,

---

une bâtisse : bâtiment de grande dimension.

faire un détour : ne pas passer par la voie directe, prendre un chemin plus long.

rester en retrait : rester derrière une personne, rester à une certaine distance d'un danger.

délabré : en très mauvais état.

juste un escalier au fond qui donne sur le premier étage. Le père d'Enzo n'a pas d'arme. Il compte sur son instinct et son expérience. Il se dirige lentement vers l'escalier et commence à monter. L'étage supérieur semble aussi désert que le rez-de-chaussée. Il y a un long couloir et une demi-douzaine de portes qui donnent, vraisemblablement, sur d'anciens bureaux. Alberti les ouvre, une à une. Ses pas sont silencieux, amortis par une vieille moquette qui couvre le sol. Lorsqu'il ouvre la cinquième porte, il sent un frisson descendre le long de son dos. Il s'arrête devant la pièce ouverte, puis il observe : une banquette, un bureau et une vieille armoire tiennent lieu de mobilier. Au fond, un corps assis, les yeux bandés, la bouche bâillonnée, les mains solidement attachées à un radiateur. C'est Sabrina. Alberti s'assure qu'il n'y a personne d'autre dans la pièce, puis se dirige vers elle.

– Sabrina ?

La jeune fille sursaute, puis dit oui de la tête.

– Tu vas bien ?

Nouveau signe de tête.

– N'aie pas peur. Je suis le père d'Enzo ; je vais te libérer.

Alberti se penche pour lui retirer le bandeau des yeux. Au même instant, une voix se met à hurler : « Attention ! » Sans réfléchir, Alberti saute en arrière à la seconde où quelqu'un tire sur lui. Une balle fait éclater la vitre de la

---

l'instinct : l'intuition.

amortir : ici, diminuer le bruit.

un frisson : tremblement du corps causé par le froid, la peur ou l'émotion.

bâillonné(e) : la bouche recouverte d'un tissu ou d'un bandeau.

hurler : crier très fort.

C'est Sabrina.

fenêtre qui se trouve au-dessus du radiateur. Une autre balle se loge dans le mur au moment où Alberti bondit vers l'armoire. Il écrase la main qui dépasse de la porte entrouverte. Il y a un cri. De douleur. Terrible. Alberti se jette sur l'inconnu. Il le tire de l'armoire, une main sur son cou, une autre sur le pistolet qu'il vient de lui saisir.

– Bouge pas ! crie-t-il.

– Je… je ne bouge pas.

Tandis qu'il le menace de son arme, Alberti le tire vers le radiateur, puis lui attache les mains. Ce n'est qu'à ce moment qu'il s'aperçoit de la présence de quelqu'un derrière son dos.

– Enzo !

Le garçon est là, debout, immobile, sans voix.

– Tu m'as désobéi, mais grâce à toi je suis encore en vie. Merci, fils. Tiens, occupe-toi de Sabrina pendant que j'interroge son ravisseur.

Alberti se tourne vers l'inconnu pendant qu'Enzo libère la jeune fille. Il y a un long silence. Sabrina regarde le père et le fils, les yeux pleins de larmes.

– C'est fini, murmure le garçon tandis qu'il la serre dans ses bras.

Le ravisseur reprend peu à peu ses esprits. Alberti l'observe. L'homme n'a pas plus de trente-cinq ans. Il porte un jean et un pull-over noir. Ce n'est qu'au son de sa voix qu'il y a, dans l'esprit d'Alberti, comme un déclic.

– Grangier, dit-il.

Avec difficulté, l'homme s'adosse au mur, redresse la tête. Son visage est très pâle.

– Ainsi, c'est toi, soupire Alberti. Ne me dis pas que tu as fait tout ça pour moi ?

L'homme ne répond pas. Alberti le revoit douze ans plus tôt. Une pièce vide, l'armoire qui s'ouvre, l'arme qui ne tire pas... Grangier a répété le même scénario. Pour se venger.

En fait, l'enlèvement de Sabrina n'avait qu'un seul but : attirer Alberti dans un piège, pour le supprimer. Le plan était parfait. D'abord, éviter d'établir une relation entre le ravisseur et Alberti : enlever un enfant, mais pas son fils. Ensuite, trouver le moyen de pousser Alberti à agir : le choix de Sabrina est judicieux. Le fils d'Alberti est amoureux d'elle ; Grangier le sait. Il compte sur le fils

---

désobéir : ne pas faire ce qu'on nous dit.

judicieux : intelligent.

Le ravisseur reprend peu à peu ses esprits.

pour attirer le père dans le piège. Enfin, l'appel anonyme au siège du journal : tout le monde se met à parler de cette affaire, ce qui pousse Alberti à agir vite ; car Grangier ne peut pas rester longtemps à cet endroit sans se faire repérer par la police.

— Une vengeance. Une simple vengeance, c'est cela ?

— Je vous déteste, Alberti, je vous déteste, vous et votre chance **insolente** !

— J'avoue que ton plan était efficace. Je n'ai rien soupçonné. Pas une seconde. Est-ce que tu te rends compte que, sans la présence de mon fils, j'étais un homme mort ? La vie est ainsi faite, Grangier. J'ai eu beaucoup de chance, aujourd'hui. Toi, non. Tu vas retourner en prison, et moi dans mon jardin. Qui sait, on se retrouvera peut-être dans vingt ans !

se faire repérer : se faire voir.

insolent(e) : ici, scandaleux(se), si exceptionnelle qu'elle provoque l'indignation.

1. Choisis le(s) titre(s) qui conviennent à ce chapitre.
a. La libération.
b. La prison.
c. La vengeance.
d. Le piège.

2. Relève les indications qui, dès le début du chapitre, nous révèlent les relations entre le ravisseur et Alberti.

....

....

....

....

....

3. Choisis la bonne réponse.
a. Où se cache le ravisseur ?
   1. Sous une banquette.
   2. Sous un bureau.
   3. Dans une armoire.

b. Avec quelle arme Grangier veut tuer Alberti ?
   1. Une arme à feu.
   2. Un couteau.
   3. Une corde.

c. Comment Enzo sauve son père ?
   1. Il reste loin de l'usine et téléphone à la police.
   2. Il désobéit, il entre dans l'usine et écrase la main de Grangier.
   3. Il désobéit, entre dans le bureau et crie pour avertir son père.

d. Comment Alberti reconnaît Grangier ?
   1. Alberti se souvient du visage du ravisseur.
   2. Alberti se souvient de la voix du ravisseur.
   3. Alberti se souvient d'une histoire policière identique.

Réfléchis...

D'après toi, qui a sauvé Sabrina ? Enzo, son père ou les deux ?
Justifie ta réponse.

Raconte...

Rédige en une vingtaine de lignes un dialogue entre Sabrina et
Enzo après le retour de la jeune fille.

Imagine...

Imagine l'attitude d'Alberti au procès de Grangier. D'après toi,
va-t-il demander que le jeune homme reste le plus longtemps
possible en prison ?

À ton avis...

Crois-tu que Grangier va chercher à se venger une nouvelle fois ?
Justifie ta réponse.

Et la chance...

Que penses-tu de ce qu'on appelle « la chance » ? Crois-tu que cer-
taines personnes ont souvent de la chance, et d'autres jamais ? Et
toi, as-tu de la chance ? Raconte une histoire que tu as vécue et
dans laquelle tu as eu beaucoup de chance.

Imprimé en France par EMD S.A.S. – 53110 Lassay-les-Châteaux – N° 17909
N° d'éditeur : 10145738 – Dépôt légal : septembre 2007

page 3

une histoire policière
un rapt – un enlèvement – un kidnapping
Le mot « polar » désigne le roman policier.
Un ravisseur

page 11

1. Alberti a du charme – a cinquante ans ; le commissaire Bloch est chauve – a environ quarante ans – est athlétique
2. Au secours : enlèvement d'enfant
3. b (p. 6 : « c'est sa première année de retraite ») – **c** (p. 6 : « Il a deux enfants, nés d'un premier mariage [...] ») – **g** (p. 9 : « Qu'attendez-vous de moi demande Alberti au bout d'un moment ? – Votre aide. Je sais qui vous êtes. »)
4. Enzo est chez lui ... Cet homme est commissaire ... Il apprend à Alberti qu'un inconnu a enlevé une enfant. ... aux parents qui n'ont pas d'argent. ... parce qu'il a travaillé dans les Forces spéciales d'intervention. ...

page 18

1. c – e – b – a – d
2. a. faux **b.** faux **c.** faux **d.** faux **e.** vrai **f.** vrai **g.** faux
3. a. un cambrioleur ; **b.** elle a été arrêtée ; **c.** un million de dollars

page 25

1. a. 2 – **b.** 3
2. a. 3 – **b.** 4 – **c.** 1 – **d.** 2
3. b.

page 32

1. a. 3 – **b.** 2 – **c.** 1 – **d.** 2
2. a. faux (en moto) – **b.** vrai (p. 30 : « Il met son casque, puis monte derrière son père. »)
c. vrai (p. 31 : « Elle rentre en car. ») **d.** faux

page 39

1. a. 2. 5 – **b.** 3. 4 – **c.** 1. 6
2. c – b – e – d – a
3. a. 2 – **b.** 2 – **c.** 1

page 46

1. a – c – d
2. Ça y est, s'est-il dit. Le voilà. L'inconnu sait de qui il s'agit. Il attend ce moment depuis de longues années.
3. a. 3 – **b.** 1 – **c.** 3 – **d.** 2

CORRIGÉS